32ᵉ FÊTE ANNUELLE

DE LA

COMPAGNIE

DES

SAUVETEURS ROUENNAIS

MÉDAILLÉS DE L'ÉTAT

INAUGURATION

DU

BUSTE DE LOUIS BRUNE

ROUEN

IMPRIMERIE JULIEN LECERF

—

1887

Louis-Adolphe BRUNE

Reproduction du portrait exécuté d'après nature en 1839, par De MALÉCY
et gravé à l'Exposition municipale de la même année. —

RÉPUBLIQUE FRANÇAISE

DÉPARTEMENT DE LA SEINE-INFÉRIEURE

COMPAGNIE

DES

SAUVETEURS ROUENNAIS

MÉDAILLÉS DE L'ÉTAT

32ᵉ FÊTE ANNUELLE

INAUGURATION DU BUSTE DE LOUIS BRUNE

ROUEN
IMPRIMERIE JULIEN LECERF
—
1887

32ᵉ FÊTE ANNUELLE

DES

SAUVETEURS ROUENNAIS

MÉDAILLÉS DE L'ÉTAT

———

Le 19 mai 1887, à une heure et demie, les membres de la Compagnie des *Sauveteurs rouennais*, honoraires, vétérans, compagnons, affiliés et pupilles, se sont réunis place de la Pucelle d'Orléans, 20. Ils y avaient été précédés par la musique du 24ᵉ de ligne et une délégation de l'école Pouchet. Ils ont reçu le drapeau chez leur Président, M. le Docteur A. Le Plé, chevalier de la Légion d'honneur et Président du Conseil d'arrondissement de Rouen.

Après l'exécution d'un morceau par la musique et le chant d'un chœur par les enfants, le cortège s'est formé, et, sous la conduite de M. L. Voisard, l'un des Vice-Présidents, s'est rendu à l'Hôtel-de-Ville, à travers une foule compacte et sympathique qui saluait le drapeau et acclamait les Sauveteurs.

A L'HOTEL-DE-VILLE.

La foule est massée sur la place de l'Hôtel-de-Ville comme aux jours des grandes fêtes publiques.

A deux heures, les Autorités et les invités, reçus dans la galerie du premier étage par M. le Président, descendent dans

la grande salle qui était déjà envahie. Leur entrée est saluée
par la musique; le public reflue dans les galeries.

M. Francis Gougeon, Président du Tribunal civil et membre
honoraire, est invité par M. Le Plé à prendre le fauteuil de la
présidence; à sa droite se placent : MM. E. Hendlé, Préfet;
Mⁱ Lebon, Maire, et Læsouef, Député; à sa gauche : MM. Le Plé,
Président des Sauveteurs; R. Coulon, Vice-Président, et
Dieutre, ancien Maire de Rouen, Conseiller d'arrondissement.
Derrière M. Le Plé se tient le compagnon Combeaux, porte-
drapeau des Sauveteurs.

Les autres sièges de l'estrade sont occupés par MM. Le Grix,
Procureur général; Demartial, Procureur de la République;
le Docteur Vallin, de l'Académie de Médecine, Médecin en chef
du 3ᵉ corps d'armée; Bouffart, Sous-Préfet de Neufchâtel;
R. Garreta, Adjoint au Maire; Milsan, Adjoint au Maire et
Délégué du Grand-Orient de France; Manchon, Membre-secré-
taire de la Chambre de commerce; Depeaux et E. Ferry,
Conseillers généraux; Papin, Vice-Président du Conseil de
Préfecture; Legras, Guizy et Leclerc, Administrateurs de
l'Assistance publique; Fouray, Robert, Ruffault et Damez,
Conseillers municipaux; E. Moinet, Directeur des Hospices;
Bégenne-Lamotte, Juge-de-Paix; Demoulin, Receveur principal
des Postes; Blouët, Capitaine de port, et ses Officiers; Bordeaux
et Renaud, Chefs de division à la Préfecture; Martin et Cusson,
Inspecteurs primaires; les Docteurs Bellencontre et Caron,
Médecins des Sauveteurs; Pilot, Sarrazin, Miray et Duval, du
Cercle rouennais de la Ligue des Patriotes; J. de la Querrière,
Secrétaire de la Société libre d'Emulation du Commerce et de
l'Industrie; A. Lacointe, Mouard, Adeline et Marron, du Comité
d'érection du monument Louis Brune; Max. Bourgeois, de
Paris et F. Devaux, sculpteurs-statuaires; N. Beaurain, Biblio-
thécaire de la Ville; Lespine, Crespin, Huvé, Crampon, Longer,
Laroute, Présidents et Délégués des Sociétés de secours
mutuels.

Après l'ouverture de la séance, M. G. Edeline, Trésorier, lit
le rapport suivant :

RAPPORT DU TRÉSORIER

Situation générale de l'Exercice 1886-1887.

Iʳᵉ PARTIE. — **PERSONNEL**.

Au 31 décembre 1886, la Compagnie se composait de

Membres honoraires ou bienfaiteurs	110
— titulaires ou compagnons	117
— pupille	1
— retraités ou vétérans	14
— libres ou affiliés	13

Pendant les cinq premiers mois de l'année 1887, nos pertes se sont élevées, par suite de retraite, de décès et d'exclusion, à

Membres titulaires	3
— retraités	2

Mais, pendant ce même laps de temps, il a été admis :

Membres honoraires	6
— titulaires	4
— pupilles	3
— retraité	1

L'effectif est donc, le 19 mai, de

Membres honoraires	122
— titulaires	118
— pupilles	4
— retraités	13
— affiliés	13

IIᵉ PARTIE. — **FINANCES**.

Au 31 décembre 1886, la Compagnie possédait 17,627 fr. 96 c., représentés par :

Espèces en Caisse	227 f. 96 c.
Titre de rente 3·0/0	3.200
A la Caisse des dépôts et consignations	14.200
TOTAL	17.627 f. 96 c.

Il convient d'ajouter que, pendant les cinq premiers mois de l'année 1887, nos recettes diverses ont fourni, 2.417 f. 37 c.

Nos dépenses se sont élevées à 2.571 10

De la somme portée en dépenses, il convient de distraire 1.800 francs, déposés à la Caisse des dépôts et consignations, ce qui réduit nos dépenses réelles à 771 fr. 10 c. et élève à 16,000 francs notre réserve dans la Caisse publique des dépôts et consignations, et notre avoir total en espèces à 19.274 fr. 23 c.

IIIe PARTIE. — **CAISSE DES RETRAITES.**

Pendant les trois dernières années précédentes, nous n'avions pas effectué de versement nouveau à la Caisse des retraites ; nous persistons dans la même résolution, parce que, étant donné que chacune de nos pensions viagères de 120 francs est alimentée par un capital de 2,067 francs, notre dépôt de 66,000 francs représente déjà le maximum légal nécessaire à 25 retraites, chiffre qui excède les prévisions dans une association de 120 participants, et nous permet d'envisager l'avenir sans préoccupation.

M. le Docteur Caron rend compte de l'état sanitaire ainsi qu'il suit :

MESDAMES, MESSIEURS,

L'état sanitaire de la Compagnie, qui était déjà si favorable depuis quelques années, s'est encore amélioré pendant l'exercice 1886.

Tandis que le nombre des journées de maladie à subventionner était autrefois de 570 environ par année, puis est descendu en 1883, 1884, 1885, au chiffre moyen de 240, malgré l'adjonction toujours croissante de nouveaux membres, l'exercice 1886 ne présente plus que 191 journées de maladie.

Sept seulement des Sauveteurs qui ont demandé les soins des médecins de la Compagnie, ont usé du droit financier que leur confèrent les Statuts, et parmi eux, un seul, qui a succombé aux suites d'une affection chronique, a figuré pour 52 jours.

Ainsi qu'un de mes collègues le faisait remarquer dans une des fêtes précédentes, cette diminution des frais entraînés par les maladies, est surtout due à une organisation sage et prévoyante ; elle est due aussi à l'abnégation de la plupart des Sauveteurs rouennais qui, voulant concourir à la prospérité générale, renoncent spontanément à toute espèce d'indemnité.

Ces deux communications sont suivies d'applaudissements.

M. le Président Le Plé, chargé du Rapport sur les belles actions et les récompenses, s'exprime en ces termes :

MESDAMES ET MESSIEURS,

La vitalité de notre Compagnie ne repose pas seulement sur sa situation financière que M. le Trésorier vient de vous énumérer, elle puise sa force principale dans le choix des sociétaires, et dans les actes qu'ils ont accompli. Pendant les onze mois écoulés depuis notre dernière fête, elle a subi des pertes, mais ses rangs ne se sont pas éclaircis. Nos morts regrettés, les vétérans : Godfroy, Romain et Fortin ; les compagnons Toutain et Capron seront remplacés par neuf nouveaux venus, dont les apports en belles-actions enrichissent l'actif de l'année.

Je vais emprunter aux procès-verbaux de leur admission les titres qui ont recommandé à nos suffrages MM. Berson, Jarnigon, Jouault, Truptil, Fiévet, Saint-Martin, Broussin, et les jeunes Irma Leblond, Edgard Derloche et Jules Langlois.

— Edouard-Théophile BERSON, qui commande aujourd'hui les Sapeurs-Pompiers de la ville de Rouen, appartient à leur Compagnie depuis trente ans. Sa belle conduite pendant l'incendie du Théâtre-des-Arts a été consacrée par une *Médaille d'honneur en argent*, le 16 juin 1876. Chacun sait que le capitaine Berson donne l'exemple du dévouement et de l'abnégation chaque fois que les Sapeurs-Pompiers rouennais courent au danger. Hier encore, il arrivait le premier pour combattre le sinistre qui a menacé de dévorer une vaste agglomération de maisons, entre les halles et la rue de la République, et il est parti le dernier.

Nous désirons que son admission dans nos rangs soit le témoignage public, non-seulement de notre estime pour sa personne, mais encore de la solidarité qui nous unit à la Compagnie de braves dont il est le chef.

— Jean-Marie JARNIGON est aussi un de nos Sapeurs-Pompiers. Il a reçu une *Médaille d'honneur en argent*, le 15 mars 1884, pour s'être particulièrement distingué, le 3 février précédent, en opérant le sauvetage d'une femme qui, atteinte d'aliénation mentale, était montée sur le toit de sa maison d'où elle était exposée à tomber dans la rue.

— Voici encore un Pompier rouennais : Jules-Alphonse JOUAULT est décoré d'une *Médaille d'honneur en argent* depuis le 27 décembre 1881.

Il s'est signalé deux fois en 1881, le 5 juillet, en coopérant bravement à l'extinction du violent incendie de la rue de la République, et le 28 octobre, en risquant sa vie dans le sinistre de la rue des Vergetiers.

— Louis-Ernest TRUPTIL a maîtrisé un cheval emporté traînant une voiture, rue Tous-Vents à Rouen, le 11 juin 1886. Ce n'a pas été sans danger ; car l'animal entraîna l'homme à plus de cinquante mètres. En véritable sauveteur, Louis Truptil s'était dérobé aux remerciements que méritaient son sang-froid et son courage. Mais on l'avait reconnu : M. le Ministre de l'Intérieur lui a décerné une *mention honorable* le 16 août.

— Arcade-Ambroise DELESQUES, de Petit-Quevilly, nous appartient comme membre affilié. Sa *Médaille d'honneur en argent* a été gagnée en sauvant des personnes en danger de périr dans des maisons incendiées en 1862 et 1878.

— Bruno FRÉVET, d'Elbeuf, est un sauveteur éprouvé. Il a reçu deux *Médailles d'honneur*, une *Lettre officielle de félicitations* et un *Témoignage officiel de satisfaction* du Ministre de la Marine. Je ne rappellerai parmi ses sauvetages, que celui d'un homme immergé dans le canal Saint-Denis, à Paris, le 13 juillet 1882; celui d'un homme au fond de la Seine, à Elbeuf, le 19 mai 1884; et celui d'un jeune homme tombé dans le fleuve en aval du barrage de Martot, le 20 août 1886.

— Edouard-Emile SAINT-MARTIN, à Croisset, le 28 juillet 1886, s'est jeté dans la Seine au secours d'un jeune garçon de huit ans qui dérivait au large, et allait périr sous les yeux de ses camarades. Saint-Martin a pu le ramener vivant. Le Ministre de la Marine lui a décerné une *Médaille d'honneur en argent*, le 7 septembre 1886.

— Louis-Auguste BROUSSIN, à Croisset, le 28 août 1886, a sauvé un mousse des bateaux-omnibus de Rouen, qui était tombé en Seine dans une manœuvre d'abordage à la station. Broussin avait quitté son repas pour accomplir cet acte de dévouement. Il en fut gravement malade. M. le Ministre de la Marine l'a décoré d'une *Médaille d'honneur en argent*, le 15 janvier 1887.

Après les hommes, nous avons les enfants :

— Edgard-Henri-Gustave DERLOCHE, âgé de onze ans et demi, élève à l'école de Boisguillaume, a sauvé un petit garçon de huit ans et demi, tombé dans une mare profonde à Ault (Somme), le 23 avril 1886. Il a reçu de M. le Préfet de la Somme, une *Lettre officielle de félicitations*. Nous l'avons inscrit parmi nos Pupilles.

— Le même titre a été accordé à la jeune Marie-Jeanne-Irma LEBLOND, de Grandcourt, canton de Londinières. Elle était âgée de quatorze ans lorsqu'elle a opéré le sauvetage périlleux qui lui a valu une *médaille d'honneur en argent* du Ministre de l'Intérieur. C'était le 20 juillet 1886 : une petite fille âgée de un an et huit mois, s'était engagée sur une passerelle, et, après avoir fait quelques pas, était tombée dans la rivière d'Yères. Le courant très-rapide entraînait déjà l'enfant, lorsque Irma Leblond se précipita dans l'eau sans hésiter. A deux reprises, luttant elle-même contre le courant, elle vit l'enfant lui échapper. Ce ne fut qu'à la troisième tentative que, presque à bout de forces, elle put enfin la saisir et parvenir à la déposer sur la berge. Ensuite elle l'a rappelée à la vie. Irma Leblond faillit payer son courage : elle fut alitée et malade.

— A Quièvrecourt, près de Neufchâtel, le 11 septembre 1886, deux ouvriers étaient sur le point d'être asphyxiés dans une carrière profonde de vingt mètres ; un jeune garçon de quatorze ans, un pauvre orphelin, Jules LANGLOIS, n'a pas hésité à descendre pour leur porter secours. M. le Ministre de l'Intérieur l'a décoré d'une *Médaille d'honneur en argent*, et nous avons accueilli Jules Langlois au nombre de nos Pupilles.

A côté de ce contingent de belles actions fourni par les nouveaux, nous devons inscrire les actes de dévouement accomplis par les anciens, pendant les onze derniers mois.

— Le 23 juin, à Boisguillaume, le compagnon BONNAVE s'est porté au secours d'un de ses voisins noyé dans une citerne. Si les efforts pour le ramener à la vie ont été inutiles, l'empressement de notre compagnon n'en est pas moins digne d'éloges.

— Le 8 juillet, un ouvrier est tombé en Seine dans le bras du Mont-Riboudet, en travaillant au débarquement d'une péniche sur l'avant de laquelle était amarré un remorqueur dirigé par LE HÉGARAT. Notre compagnon entendant le bruit de la chute et voyant un homme se débattre dans le fleuve, s'est jeté à l'eau tout habillé. En même temps, le matelot du remorqueur lançait une ligne : l'ouvrier a pu la saisir au moment où Le Hégarat arrivait sur lui en nageant. Le matelot a ramené la ligne pendant que Le Hégarat soutenait l'ouvrier et le rapportait à son bord.

— Le 28 juillet, un jeune manœuvre, âgé de seize ans, employé aux travaux du nouveau pont, est tombé en Seine du haut d'une passerelle. Cet endroit du fleuve est profond de neuf à dix mètres. Le jeune ouvrier s'y serait noyé si le compagnon Edouard LHEUREUX, se jetant tout habillé et plongeant bravement, n'avait ou le bonheur de le saisir et de le rapporter sain et sauf sur la berge. — L'éloge de Lheureux n'est plus à faire; un journal l'a qualifié sauveteur de la race des Louis Brune. La *médaille d'honneur de première classe*, que lui a décernée M. le Ministre de la Marine, est la quatrième consécration officielle de son courage.

— Le 13 septembre, à Rouen, le patron Lenglet, de la péniche « Eole » rentrant à son bord, perdit l'équilibre sur la planche-passerelle, et tomba en Seine, la tête contre un pieu; étourdi par le coup, il eût péri au fond du fleuve, si le compagnon Ph. Prevost ne s'était jeté à son secours pour le ramener à la surface.

Prevost, titulaire de trois *Médailles d'honneur*, a reçu du Ministre de la Marine, le 4 février dernier, un *Témoignage officiel de satisfaction.*

— Le Jury des récompenses appelé à choisir les plus méritants parmi tant de braves, aurait donné sa sanction à tous, si le nombre des prix n'était limité par celui des libéralités. Cependant, en outre des médailles offertes précédemment au nom du Département, de la Ville, de la Chambre de Commerce et de la Ligue des Patriotes, il avait à sa disposition deux nouveaux prix fondés en mémoire de Louis Brune, l'un par la générosité de M. Mouard son gendre, et l'autre par l'initiative de la Loge maçonnique la *Constance Eprouvée*, qui s'honore d'avoir compté Brune au nombre de ses membres.

Les décisions du Jury spécial ont été votées à l'unanimité, dans l'ordre suivant :

— Prix du Département : grande Médaille d'argent à la Compagnie des SAPEURS-POMPIERS de Rouen; — grande Médaille de bronze à Marie-Jeanne-Irma LEBLOND; — grande Médaille de bronze à Jules LANGLOIS, de Quièvrecourt; — Mention honorable à Jean-Marie-Augustin BONNAVE.

— Prix de la Ville de Rouen : grande Médaille d'argent à Louis-Ernest TRUPTIL.

— Prix de la Chambre de Commerce : rappel de Médaille à Alphonse-François-Marie LE HÉGARAT; — grande Médaille de vermeil à Louis-Auguste BROUSSIN.

— Prix de la Ligue des Patriotes : grande Médaille d'argent à Edouard-Emile SAINT-MARTIN; — grande Médaille de bronze à Edgard-Henri-Gustave DERLOCHE.

— Prix Louis Brune : grand Médaillon à l'effigie de Brune à EDOUARD-NAPOLÉON-ALBERT LHEUREUX; — grande Médaille en argent, de la *Constance Eprouvée*, à BRUNO FIÉVET.

La remise des prix à chacun des lauréats soulève les applaudissements ; une ovation est faite à Irma Leblond et à Jules Langlois, pendant que M. le Président les embrasse, au milieu de l'émotion générale. M. le Préfet accorde à chacun un livret de 30 francs.

Quand le silence est rétabli, le corps de musique exécute, avec un ensemble parfait, l'ouverture de *Guillaume Tell*, qui est applaudie.

M. Fr. Gougeon, Président, prononce le discours suivant :

MESSIEURS LES SAUVETEURS,

En écoutant tout à l'heure le récit émouvant des actes généreux dont vous êtes coutumiers, je songeais à ces esprits moroses qui affirment que de nos jours les caractères s'abaissent, les courages s'amollissent et que le pays s'éteint dans une sorte de décrépitude morale.

Quelque énervantes que soient ces déclamations, on ne peut vraiment réprimer un sourire lorsque leur souvenir se présente à l'esprit dans une circonstance comme celle où j'ai l'honneur de me trouver.

Notre temps est-il meilleur ou plus mauvais que ceux qui l'ont précédé? Ce sera le rôle de l'histoire de l'apprendre à ceux qui nous suivront; mais que les qualités qui ont toujours été l'honneur et l'apanage de notre race aient déserté leur foyer, que la générosité ait cessé d'être la vertu française par excellence, que le courage ait décru en une mesure si mince que ce soit, ce n'est point ici qu'il le faut prétendre.

Dans le monde entier, où l'on sait que si nous péchons, c'est par l'exagération des sentiments généreux, où l'on sait que le courage est le trait distinctif de notre caractère national, où on l'a vu éclatant et magnifique dans nos revers comme dans nos victoires, ce dont on nous louait hier sans réserves, c'est d'avoir su le contenir avec une dignité ferme qui n'est pas, à coup sûr, le fait d'une nation dégénérée.

Pour moi j'augure mieux de notre époque, et lorsque je vois des sociétés comme la vôtre se multiplier, lorsque je vois les académies dans l'impuissance de récompenser, malgré la multitude des libéralités dont elles disposent, tous les actes admirables qu'elles voudraient honorer, lorsque je vois ces hommages publics rendus chaque jour, sur tous les points de la France, à ces obscures victimes du devoir qui périssent pour la défense de leurs semblables, lorsque je pense à cette solidarité qui, il y a quinze jours à peine, faisait battre tous nos cœurs unis dans une seule étreinte, je me demande comment il en est qui doutent de la valeur morale de leur pays.

De ceux-là vous n'en êtes pas !

Certes ce tableau a ses ombres parfois épaisses, et à côté de tous ces faits dont le souvenir repose, il en est d'autres affligeants.

C'est la règle de tous les temps.

Mais ce n'est point parmi vous et dans le sein de votre Compagnie qu'on en saurait rencontrer.

Et comment pourrait-il en être autrement ?

A vos qualités de valeur, de générosité, de dévouement que je ne suis pas le premier à louer depuis trente-deux ans que votre belle corporation a été fondée, vous avez eu la sage et utile pensée d'associer l'idée de prévoyance.

Tout a été dit sur la mise en pratique de cette idée qui est incontestablement le signe de la civilisation la plus élevée. Si les institutions de prévoyance se développent, donnant au plus compliqué de tous les problèmes sociaux la solution la plus simple, c'est parce que la société humaine approche de la source de perfection qu'il lui est possible d'atteindre.

Les avantages matériels de ces associations sont trop connus pour que je les rappelle dans une aussi brève allocution : ce que je veux retenir, c'est qu'il n'est point de meilleure école de moralité.

Je ne sais rien qui soit plus propre à préserver de la chute, mais, comme le disait excellemment un mutualiste, ce qui fait le mérite éminent des sociétés de prévoyance, c'est qu'en y entrant on ne dépose rien de ce qui peut inspirer la fierté du caractère, on n'y déroge pas en tendant la main pour recevoir parce qu'on l'a d'abord ouverte pour donner.

Si je m'écoutais, Messieurs, je me laisserais aller presque indéfiniment à vous parler de cette idée de prévoyance ; je ne puis oublier qu'avant 1870, je présidais une société de secours mutuels dans une ville qui a cessé d'appartenir à la France, mais je sais que vos instants sont comptés, il vous tarde d'aller, avec toute la cité, glorifier la mémoire d'un des meilleurs d'entre vous.

On vous rappellera tout à l'heure les grands traits de la vie de ce héros modeste dont le dévoûment ne s'est jamais lassé, on vous remerciera aussi d'avoir pris l'initiative d'une démonstration qui vous honore.

Je dois abréger, mais je ne veux pas finir sans remercier votre honorable chef de m'avoir confié la présidence de cette assemblée.

Convaincu que d'autres méritaient davantage cette marque d'estime, je lui avais opposé une résistance qu'il a vaincue en m'assurant de vos sympathies ; je veux espérer qu'il ne m'a pas trompé.

Ce discours souvent interrompu est suivi d'applaudissements prolongés.

Ensuite M. le Caissier des secours donne lecture du rapport suivant :

RAPPORT DU CAISSIER DES SECOURS

Je viens, pour la cinquième fois, vous exposer la situation de la Caisse spéciale des secours.

Les libéralités de M. le Préfet et votre concours généreux nous ont permis, cette année comme les précédentes, d'assister nos compagnons malheureux et de secourir des familles infortunées.

RECETTES.

Le 3 juin 1886, jour de notre 31ᵉ fête annuelle, le reliquat de compte était de . . . . 172 f. 85 c.
La collecte à l'Hôtel-de-Ville s'est élevée à 188 60
Trois membres titulaires nous ont versé 3 50
Une amende a produit 3
Mᵐᵉ la comtesse de la Morelle a offert, en mémoire de M. l'archevêque Le Courtier, ancien bienfaiteur des Sauveteurs rouennais 30

                                            TOTAL . 397 f. 95 c.

DÉPENSES.

A la veuve d'un ancien titulaire . . . . 10 f. »
A un jeune sauveteur allant rejoindre son régiment 6 20
A la veuve d'un vieillard retraité . . . . 10 »
A un sauveteur infortuné . . . . 10 »
A un autre . . . . 6 »
A la veuve et aux enfants d'un sauveteur . . . . 16 »
A une octogénaire, veuve d'un vétéran . . . . 10 »
Bons de fourneaux économiques . . . . 30 »
A la famille d'un sauveteur . . . . 10 »
A la veuve d'un sauveteur . . . . 6 »
A un compagnon victime d'un sinistre . . . . 30 »
A un compagnon malheureux . . . . 10 »
A une octogénaire, veuve d'un vétéran . . . . 10 »
A un compagnon malheureux . . . . 12 »
A un retraité en détresse . . . . 10 »
A la veuve d'un sauveteur . . . . 10 »
A un compagnon malheureux . . . . 8 »
A deux enfants d'un sauveteur . . . . 6 »
A M. le Maire de Saint-Valery-en-Caux, pour les marins
du canot de sauvetage parti au secours du *Victoria* . . . 65 65

Total . . . 275 f. 85 c.

RÉSUMÉ.

Avoir . . . . 697 f. 95 c.
Dépenses 275 85

Balance . . . . 422 f. 10 c.

Se décomposant comme suit :

Dépôt à la Caisse d'épargne . . . . 300 »
Espèces en caisse 122 10

Somme égale . . . 422 10

Mesdames, Messieurs,

Nous avons la conviction d'avoir affecté le produit de vos généreuses offrandes conformément à vos vœux. Si vous voulez nous continuer votre bienveillant concours, nous pourrons soulager encore nos infortunés. Nous vous prions d'agréer à l'avance nos sincères remerciments.

M. le Président annonce que, suivant la tradition, il sera procédé à la collecte qui constitue la ressource annuelle du fonds de secours. Les plateaux sont offerts à Mⁱⁱᵉ Ruffault, conduite par M. G. Edeline, et Jeanne Magnier, par le pupille E. Derloche. Pendant la durée de la collecte, les jeunes élèves de l'école Pouchet chantent le chœur : *Vive la République.*

Ensuite, M. le Président annonce que la quête a produit 184 francs, auxquels s'ajouteront 100 francs, accordés par M. le Préfet, et il remercie l'assemblée.

MARCHE DU CORTÈGE.

A l'issue de la séance, le cortège s'est formé sur la place de l'Hôtel-de-Ville. La musique militaire est en tête ; la Compagnie des sapeurs-pompiers forme la haie de chaque côté des Sauveteurs. Le porte-drapeau des Sauveteurs escorté des quatre pupilles et celui des Pompiers, précèdent M. le Président, ayant à ses côtés les Vice-Présidents, les Secrétaires et le Trésorier ; les membres de la Compagnie suivent en rangs serrés. Après eux s'avance le piquet d'honneur, composé de soixante hommes de la garnison, sous les ordres de trois officiers. Puis viennent, avec leurs bannières en tête, une délégation de la Ligue des Patriotes, la Société de gymnastique la *Rouennaise*, accompagnée de sa fanfare, et la masse chorale de quatre cents enfants des écoles primaires, suivie de la foule.

Il était trois heures et demie, lorsque le cortège s'est mis en marche : il suit la rue de la République, la rue Alsace-Lorraine, la rue des Arpents, la rue Louis Brune, la rue Malpalu, la rue et la place de la République, le quai de Paris, le quai de la Bourse, la rue Jeanne Darc, la rue des Charrettes, la rue de la Vicomté, pour arriver à la cale Saint-Eloi. Malgré l'encombrement du parcours, il est accueilli partout avec déférence, surtout dans la rue Louis Brune, dont l'entrée est pavoisée, et dans la rue des Charrettes, où le n° 79, maison natale de Louis Brune, a reçu récemment une plaque en marbre blanc, commémorative (1). Devant cette maison, le drapeau s'arrête et salue ; la musique a entonné la *Marseillaise* : les chapeaux sont agités, et des acclamations retentissent de tous côtés : Vivent les Sauveteurs !

INAUGURATION DU MONUMENT.

On arrive difficilement sur le quai du Havre, en face du portique pavoisé aux couleurs nationales et orné de l'écusson des Sauveteurs rouennais médaillés de l'Etat. Les Autorités et les invités, devançant le cortège, ont pris place déjà dans l'enceinte réservée. Le cortège ne parvient à y pénétrer qu'avec l'aide d'un service d'ordre parfaitement réglé et observé scrupuleusement. Pendant ce défilé, les premiers arrivés contemplent le spectacle qui les entoure. Les fenêtres et les balcons des quais sont garnis de spectateurs. Sur les navires amarrés au voisinage de la cale Saint-Eloi, les ponts, les vergues, les haubans sont envahis : sur le quai, les tonneaux, les amas de marchandises, la flèche des grues, ont été escaladés par la foule. Le fleuve est sillonné d'embarcations chargées de curieux. La rive opposée est occupée par une autre foule qui contemple les quais, les maisons et les navires bariolés de drapeaux, de pavillons et de banderolles.

Dans l'enceinte réservée, deux des côtés sont occupés par la Compagnie des sapeurs-pompiers qui fait face au monument ; le détachement d'infanterie, les gymnastes et la Ligue des Patriotes. L'autre partie est réservée au corps de musique et à la Chorale des écoles primaires. En avant des sapeurs-pompiers, les Autorités et les invités se tiennent debout. La famille Brune, assise à la droite du buste, est représentée par : M⁽ᵐᵉ⁾ Mouard, fille du sauveteur, MM. Mouard père et fils ; M⁽ᵐᵉ⁾ Nion, née Mouard, M. Nion, leurs enfants Marthe et Paul Nion, M. Louis Legoux, fils d'une sœur de Louis Brune et M⁽ᵐᵉ⁾ Legoux. La Compa-

---

(1) « Louis Brune est né dans cette maison, le 29 novembre 1857 ».

gnie des Sauveteurs s'est assemblée derrière la famille. Le porte-drapeau s'est détaché pour se tenir à gauche du monument, escortant M. Le Plé qui doit offrir le buste de Louis Brune, au nom du Comité d'érection et au nom de la Compagnie des Sauveteurs.

Quand l'entrée du cortège paraît terminée, M. le Président Le Plé s'avance au centre de l'espace libre, et prononce les paroles suivantes :

MESSIEURS,

Onze mois à peine sont écoulés depuis le jour où, réunis devant le tombeau de Louis Brune, nous étions associés dans un même vœu, celui d'ériger un monument sur les quais, pour remplacer le pavillon consacré jadis au brave sauveteur par la Ville, puis sacrifié au nouvel aménagement du port.

Huit cents adhésions ont répondu à notre appel : les assemblées, les compagnies, les sociétés ont rivalisé de générosité avec les citoyens de toute condition ; et les artistes les plus autorisés nous ont offert le concours de leur talent.

Au moment de choisir un emplacement, nous n'avons pas hésité : l'histoire de Louis Brune nous le désignait.

Il est né près d'ici, dans la mansarde d'un facteur de rouliers. A quelques pas se trouve une autre mansarde, dans laquelle il a pourvu à l'existence de sa pauvre mère, pendant vingt-deux années. Ici, sous vos pieds, à cette place aujourd'hui conquise par le quai sur le fleuve, le courageux enfant s'improvisa plongeur aux pilotis et aux déblais du port, afin, disait-il, *d'être bien payé, et certain qu'on ne manquerait plus de pain à la maison*. Puis, lorsque les travaux furent terminés, il s'y installa brouetteur au service des passagers. C'est là, qu'en 1827, il accomplit un de ses sauvetages les plus périlleux, en se jetant tout habillé, et embarrassé dans ses bricoles de commissionnaire, au secours du capitaine Lemariey, coulé à dix mètres de profondeur entre son navire et un bateau : Louis Brune faillit y périr. C'est encore là que, le 6 septembre 1835, Joseph Ferrant, collecteur du vapeur la *Normandie*, étant tombé en Seine, Louis Brune, quoique malade et blessé grièvement aux deux jambes dans un récent sauvetage, se jeta à l'eau, et après avoir ramené vainement le submergé trois fois à la surface, parvint, dans un quatrième effort, à lui sauver la vie. C'est là aussi, au milieu du fleuve, en

face la cale Saint-Eloi, que le 28 janvier 1838, se déroulèrent les
péripéties si dramatiques du sauvetage de M. et M⁰⁰ Bentabole,
engloutis sous la glace. Je vous ai rappelé déjà cette lutte
héroïque : je ne dois pas revenir sur une page de la vie de Brune,
que l'avenir inscrira au livre des légendes.

C'était donc ici, Messieurs, la place de Louis Brune.

Nous y avons élevé ce monument de reconnaissance publique.

Il est simple comme la vie de l'homme du peuple dont il doit
perpétuer la mémoire.

Nous l'offrons à l'hommage de nos contemporains, et nous le
léguons au respect de la postérité.

A ces derniers mots, le voile qui recouvrait le monument est en-
levé, et les acclamations éclatent de tous côtés. Le buste en bronze
de Louis Brune reproduit le caractère franc et hardi de cette
physionomie populaire. La ressemblance est parfaite. Tous les
détails et l'ensemble ont été étudiés avec le plus grand soin.
L'œuvre de M. F. Devaux est modelée avec un rare bonheur.
Ce buste couronne un scabellon supporté par une haute stèle
en granit bleu quadrangulaire, qui repose sur une large base
portant des moulures sévères. L'architecte a été sobre d'orne-
ments : ils sont coulés en bronze ; ce sont des étoiles et un grand
écusson reproduisant l'insigne des Sauveteurs rouennais médaillés de l'Etat. Sur le dé, on lit en lettres rouges gravées :
A Louis Brune, sauveteur rouennais, 1807-1843 ; du côté du
quai : *En 20 années, 63 personnes lui ont dû la vie* ; du côté
de la Seine : *Il a péri en voulant sauver* ; enfin sur la face posté-
rieure : *Erigé par souscription, sur l'initiative de la Compagnie des Sauveteurs rouennais médaillés de l'Etat*. Au-dessous,
une plaque de bronze rappellera la date de l'inauguration et
les noms du promoteur, M. le docteur Le Plé, du sculpteur, M. F.
Devaux, et de l'architecte, M. J. Adeline.

Quelques instants après la chute du voile, la masse chorale
des 400 enfants exécutait avec entrain une cantate composée de
deux strophes imitées de celles que Théodore Lebreton, l'ou-
vrier-poète, a lues sur le cercueil de son ami Louis Brune,
l'ouvrier-sauveteur, au Cimetière monumental, le 27 décembre 1843.

M. Lebon, Maire de Rouen, s'avance et prononce le discours suivant :

MESSIEURS,

Il y a un an, à quelques jours près, le 3 juin 1886, la Compagnie des Sauveteurs rouennais, à la suite de sa séance annuelle, se trouvait réunie au Cimetière monumental auprès du monument élevé par la ville de Rouen, à la mémoire de Louis Brune. Son honorable président, M. le docteur Le Plé, retraçait devant tous, en termes éloquents, cette existence si admirablement remplie par des actes de courage héroïque et de dévoûment sublime. Comment, né dans la mansarde d'un journalier, Louis Brune n'avait que neuf ans quand son père mourut et était resté le seul soutien de sa mère et de trois autres orphelins ; comment, tour à tour, il avait exercé les métiers les plus durs, les plus pénibles, et avait lutté avec une indomptable énergie pour venir en aide à la misère des siens ; comment cet homme, mort à trente-six ans, avait, dans sa courte existence, sauvé la vie à *soixante-trois* de ses semblables (il est vrai qu'il avait commencé jeune, lors de son premier sauvetage, en 1823, il était âgé de seize ans) ; comment, surtout, il est mort victime de son inépuisable dévoûment dans la nuit du 25 décembre 1843.

Et si j'insiste un instant sur ce point, c'est qu'une légende, — qui ne diminuerait en rien la gloire de celui que nous honorons en ce jour, — a attribué à cet événement une autre cause ; mais, après avoir été mis à même d'apprécier si elle était fondée, je dois à la vérité de déclarer, une fois de plus, après M. le docteur Le Plé, que le 25 décembre 1843, Louis Brune arrivait sur le Pont-de-Pierre entre six et sept heures du soir, lorsqu'un bruit partit du fleuve et fut suivi d'un cri. C'était une amarre mal lancée qui était tombée à l'eau et le marinier avertissait. Brune, trompé par le bruit et entraîné par le cri, franchit le parapet et s'élança dans le vide. Il tomba sur un bateau et s'y brisa.

Messieurs, la conclusion toute naturelle de ces paroles de M. le docteur Le Plé que je viens de rappeler fut de proposer à la Compagnie des Sauveteurs rouennais d'entreprendre l'érection de son buste en bronze sur les quais de Rouen ; le soir même, l'idée émise par lui recevait un commencement d'exécution et était assurée de l'appui bienveillant de la Presse de notre ville ; grâce au concours de tous, les ressources nécessaires furent vite réunies, et, moins d'une année après que l'idée en a été lancée, nous venons inaugurer ce buste de Louis Brune, dû au talent d'un de nos concitoyens, M. Devaux, et qui, placé au bord même de la Seine, rappellera à jamais, et sur le théâtre même de ses exploits, son nom et les actes glorieux de son existence aux générations de l'avenir.

Il faut féliciter ceux qui se sont mis à la tête de ce mouvement de leur prompt succès; mais il n'y a pas lieu de s'en étonner : l'initiative d'une pareille œuvre ne revenait-il pas de plein droit à ceux qui n'ont qu'une seule ambition, qu'un souci constant : marcher sur les traces de Louis Brune, et qui ont pris pour eux cette noble devise : « Sauver ou périr ? »

Notre population qui sait si bien apprécier les dévoûments simples et désintéressés, pouvait-elle rester indifférente à ce nouvel hommage rendu à un de ses plus modestes et de ses plus illustres enfants ? Nous avons, en effet, le droit de dire, à l'honneur de notre Ville, qu'elle n'a point attendu que les années se fussent écoulées pour rendre à Louis Brune la justice qui lui était due : de son vivant, comme au jour de sa mort, il a recueilli de nombreux témoignages de la reconnaissance publique.

Il serait trop long d'énumérer toutes les distinctions honorifiques qui lui ont été accordées, depuis la première médaille d'honneur, décernée en 1827 par le ministère de l'intérieur, jusqu'à la croix de la Légion d'honneur, en avril 1836, et un prix Montyon de 3,000 fr., décerné en 1838 par l'Académie française ; je veux seulement rappeler celles qu'il a obtenues dans la cité même. Le 7 février 1838, la Société du Commerce et de l'Industrie décerne à Louis Brune une médaille d'argent, « expression de la reconnaissance publique ». Le 6 juin 1838, la Société d'Emulation lui remet une médaille de vermeil à l'effigie de Corneille, « pour avoir, depuis quatorze ans, sauvé, au péril de ses jours, quarante-une personnes près de se noyer dans la Seine. »

Le 1er février de cette même année, à la suite d'un de ses sauvetages les plus célèbres, celui des époux Bentabole, le Conseil municipal s'était assemblé et, par un vote unanime, avait décidé : 1º la construction d'un pavillon, à l'entrée du Pont-Suspendu, pour servir d'habitation à Louis Brune; 2º qu'une rente annuelle de 400 francs lui serait affectée et reversible à sa veuve et à leur enfant ; 3º que la fille de Louis Brune serait élevée aux frais de la Ville. Ses obsèques, qui eurent lieu le 27 décembre 1843, donnèrent lieu à une imposante manifestation de la part de la population ; une délibération du Conseil municipal, du 23 février 1844, décida que la Ville supporterait les frais de ses obsèques et qu'un monument serait élevé au sauveteur rouennais dans le Cimetière monumental.

Vous le voyez, Messieurs, notre Ville n'a jamais eu aucune défaillance dans ce qu'elle devait à Louis Brune ; mais au moment où des travaux nécessités par le développement de notre port avaient amené la suppression du pavillon qui lui avait été consacré, il était opportun de le remplacer par un autre témoignage public à la portée et sous les yeux des étrangers qui viennent nous visiter, et même des nouvelles générations qui grandissent et qui sauront puiser dans la vie de Louis Brune de salutaires exemples.

Aussi, au nom de la ville de Rouen, je remercie profondément ceux qui ont pris l'initiative de l'érection de ce monument, tous ceux qui ont pris part à la souscription et qui se sont associés à l'hommage rendu à celui qu'un publiciste de son temps appelait *l'illustre prolétaire*. Et laissez-moi le dire en terminant, la cérémonie qui nous rassemble aujourd'hui me paraît avoir un caractère particulier et bienfaisant : Ce monument, il est l'œuvre de tous ; pour l'élever, la souscription modeste du travailleur a côtoyé celle de ceux qui ont été plus favorisés par la fortune ; nous avons donné ainsi la preuve une fois de plus que, dans notre démocratie rouennaise qui n'est ni bruyante ni agitée, mais qui n'en a pas moins pour cela le sentiment profond de ses droits et de ses devoirs, nous savons tous nous unir dans une pensée commune de concorde et d'union pour honorer, comme il le mérite, un enfant du peuple, et perpétuer le souvenir de son courage et de ses vertus.

Les paroles de M. le Maire, écoutées avec émotion, sont vivement applaudies.

La musique donne le signal du retour, les Sapeurs-Pompiers et le piquet d'honneur, suivis des députations, défilent devant le monument. L'enceinte est envahie par le public, pendant que le cortège retourne à l'Hôtel-de-Ville en suivant les quais, la rue Jeanne-Darc et la rue Thiers, au milieu de la foule partout sympathique au passage des Sauveteurs.

LE BANQUET.

On se sépare devant le péristyle de l'Hôtel-de-Ville. M. le Président remercie successivement les chefs de chaque compagnie, pendant que les membres du Comité d'érection, leurs invités, une délégation des Sapeurs-Pompiers et de l'armée se rendent avec les Sauveteurs dans la grande salle de l'Hôtel-de-Ville, convertie rapidement en salle de banquet par les soins de M. Pelletier (de l'Eldorado de Sotteville). A cinq heures et demie, la musique annonce l'entrée des Autorités et du Bureau des Sauveteurs. A droite de M. le Président se placent M. E. Hendlé, préfet, Mme Le Plé, M. Bouffart, sous-préfet de Neufchatel, M. Max. Bourgeois (de Paris), statuaire, M. Bordeaux, M. Max. Poisson-d'Arras, conseiller d'arrondissement de Forges-les-Eaux et sauveteur, M. A. Lacointe, secrétaire du Comité d'érection, M. Cabot, du *Journal de Rouen*, et M. Fourey, de la *Chronique*. A gauche, M. Lébon, Maire de Rouen, Mme Nion, M. Garreta, adjoint au maire et membre du Comité d'érection. M. le capitaine Berson, commandant les Sapeurs-Pompiers, M. F. Devaux, statuaire, M. Demoulin, M. Marrou, ornemaniste, et M. Ruffault, conseiller municipal, membres du même Comité, M. Legoux, neveu de Louis Brune, Mme Legoux, M. L. Müller, du *Petit Rouennais*, M. D. Harel, vice président honoraire. On avait eu l'attention de placer en face de M. le Président, les deux pupilles Irma Leblond et Jules Langlois, entourés de la famille Brune et des lauréats. La plupart des autres convives s'étaient répartis suivant leurs convenances. Les deux vice-présidents des Sauveteurs, MM. Léon Voisard et Raimond Coulon ont occupé les deux extrémités de la table disposée en fer à cheval. M. L. Truptil, secrétaire, et M. G. Edeline, trésorier, étaient auprès des pupilles.

Le banquet composé de 135 couverts a été servi avec autant d'ordre que de célérité. Au dessert, M. le Président a porté un toast au Parlement et au Président de la République ; au Conseil général, à M. le Préfet et à ses collaborateurs ; au Conseil municipal, à M. le Maire, à MM. les Adjoints ; aux Souscripteurs du buste et aux Artistes qui ont concouru à son érection ;

à la famille Louis Brune, et « à la veuve vénérée du héros »,
à la Presse locale et régionale ; aux Bienfaiteurs des Sauveteurs,
en plaçant au premier rang leurs Médecins ; aux compagnons
Sauveteurs, aux Lauréats et aux Pupilles. Les applaudissements qui ont suivi l'allocution de M. le Président ont été
interrompus par le corps de musique, écouté avec autant de
faveur que pendant la journée.

M. le Président a repris la parole pour demander qu'avant
de se séparer, on complétât la cérémonie par un acte de bienfai-
sance. Il a proposé « qu'une collecte fût faite au profit d'une
œuvre de charité *sociale*, a-t-il dit. Beaucoup d'enfants, privés
d'aliments et de vêtements, ne peuvent fréquenter les écoles
qu'avec l'assistance qu'ils reçoivent d'une institution présidée
par M. le Maire : la Caisse des Ecoles. En donnant une offrande
à cette Caisse, a dit M. le Président, les compagnons feront
acte de Sauveteurs, parce qu'ils aideront à retirer les enfants
de deux gouffres : l'ignorance et le vagabondage. »

Cette motion a été acceptée par acclamation. La pupille Irma
Leblond, conduite par Jules Langlois, a parcouru les rangs des
convives et a rapporté 114 francs. M. le Maire a exprimé ses
remerciments au milieu de nouveaux applaudissements : puis,
on s'est séparé à huit heures, en emportant le souvenir d'une
fête féconde en émotions fortifiantes et d'une journée bien
remplie.

Les Secrétaires,

A. MAGNIER.
L. TRUPTIL.

Le Président,

L. VOISARD, *Vice-Président,*
RAIMOND COULON, *Vice-Président.*

Rouen. — Imprimerie J. LECERF, rue des Bons-Enfants, 46-48.